A BILINGUAL BOOK IN ENGLISH AND SPANISH

DAY OF THE DEAD
DÍA DE LOS MUERTOS

MARISA BOAN

Don't be afraid of
Day of the Dead
Día de los Muertos

This is a festive holiday!

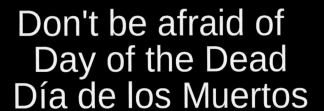

No tengas miedo de el Día de los Muertos - Day of the Dead.

¡Es un día festivo!

A long time ago, this holiday was celebrated to give thanks for the harvest. Later, it became a day to give thanks and remember our loved ones who have died.

velas y flores

Hace mucho tiempo esta fiesta se celebró para dar gracias por la cosecha. Más tarde, se convirtió en un día para agradecer y recordar a nuestros seres queridos que han muerto.

It is a time to remember and honor our ancestors.
The holiday is celebrated over three days!

calaveras

Es un momento para recordar y honrar a
nuestros antepasados.
¡La fiesta se celebra durante tres días!

On the first day, family members put candles and flowers on the graves of their loved ones who have died.

flores

En el primer día, miembros de la familia ponen velas y flores en las tumbas de sus seres queridos que han muerto.

It is a tradition in México to use marigold flowers to decorate on this day.

caléndulas

Es una tradición en México de usar flores de caléndula para decorar en este día.

In their homes families create an *ofrenda*, an offering on an altar. The family members place photos of their relatives and mementos or favorite items.

ofrenda

En sus hogares crean una ofrenda, una ofrenda en un altar. Los miembros de la familia colocar fotos de sus familiares y recuerdos o artículos favoritos.

The rest of this day is spent making the favorite foods of their family members.

comidas

El resto de este día se pasa haciendo las comidas favoritas de sus familiares.

A favorite recipe to make is called Pan de Muertos, Day of the Dead Bread.

pan de muertos

Una receta favorita para hacer se llama Pan de Muertos.

On the second day, the big holiday
celebration starts in the home.

papel picado

En el segundo día, la celebración
grande comienza en el hogar.

They eat the food they made the day before.
Friends and family members stop by to sing and dance.

amigos

Comen la comida que hicieron el día
anterior. Amigos y miembros de la familia
pasan a cantar y bailar.

Skulls are a tradition for El Día de los Muertos. They make small ones out of sugar and decorate them with bright colors.

calaveras

Calaveras son una tradición para El Día de los Muertos. Hacen dulces de azúcar ylos decoran con colores brillantes.

They are given to the children as treats. It is a special honor to have your name on one of these little sugar treats.

dulces

Se los dan a los niños. Es un honor especial tener a su nombre en uno de estos dulces de azúcar.

On the third day, the holiday is celebrated in the town. There are colorful parades with huge floats and costumed characters.

En el tercer día, la fiesta se celebra en la ciudad. Hay desfiles coloridos con personajes disfrazados y carrozas enormes.

Sometimes people dress in skeleton outfits!

esqueleto

¡A veces la gente se visten en trajes de esqueleto!

This is a happy holiday. A time to celebrate with family members. There are graves and skeletons, but there are also flowers and candies and singing and dancing.

calacas

¡Es un día feliz! Un momento para celebrar con sus familiares. Hay tumbas y esqueletos (calacas) y calaveras, pero también hay flores y caramelos y cantos y bailes.

So, don't be afraid of
Day of the Dead
Día de Los Muertos.

This is a very happy day
for families in Mexico and
Latin America!

Por lo tanto, no
tengas miedo de El
Día de Los Muertos.

¡Este es un día muy
feliz para las familias
en México y
Latinoamérica!

MAKE YOUR OWN SKELETON

Make Your Own Skeleton

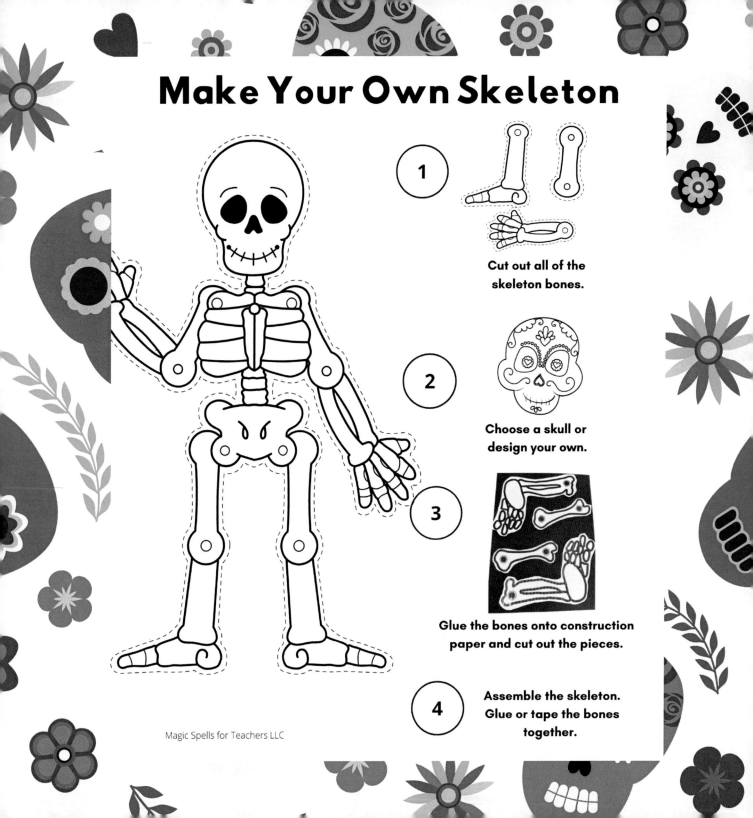

1 Cut out all of the skeleton bones.

2 Choose a skull or design your own.

3 Glue the bones onto construction paper and cut out the pieces.

4 Assemble the skeleton. Glue or tape the bones together.

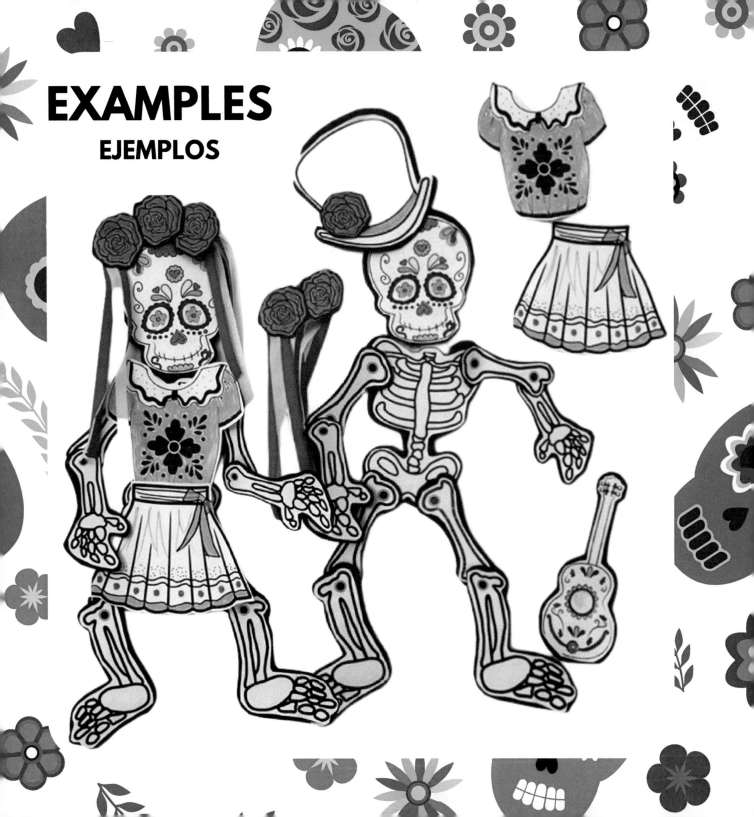

EXAMPLES

EJEMPLOS

COLOR & CUT

BODY

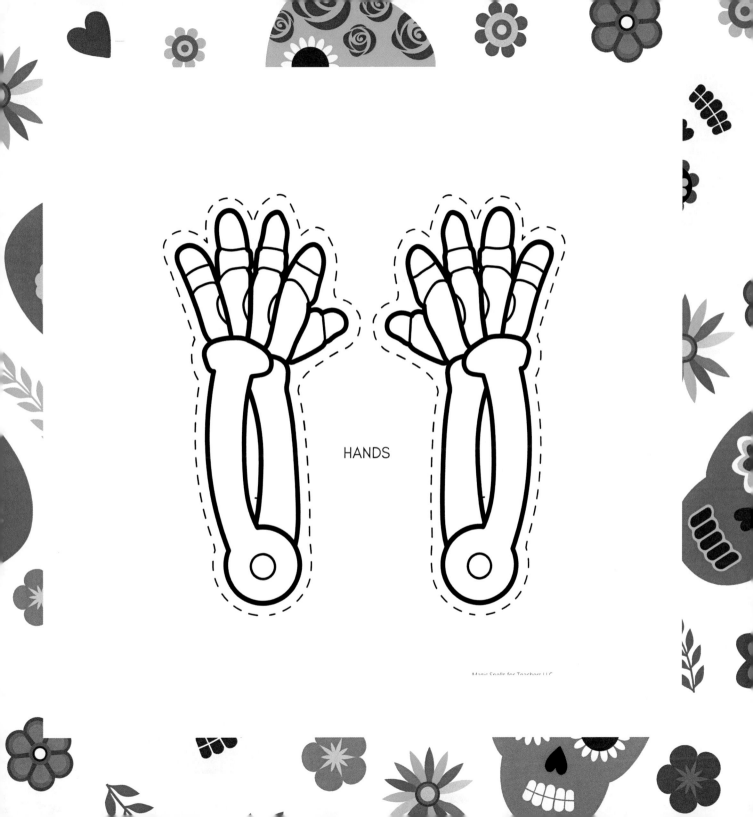

HANDS

ARMS

BOW TIE

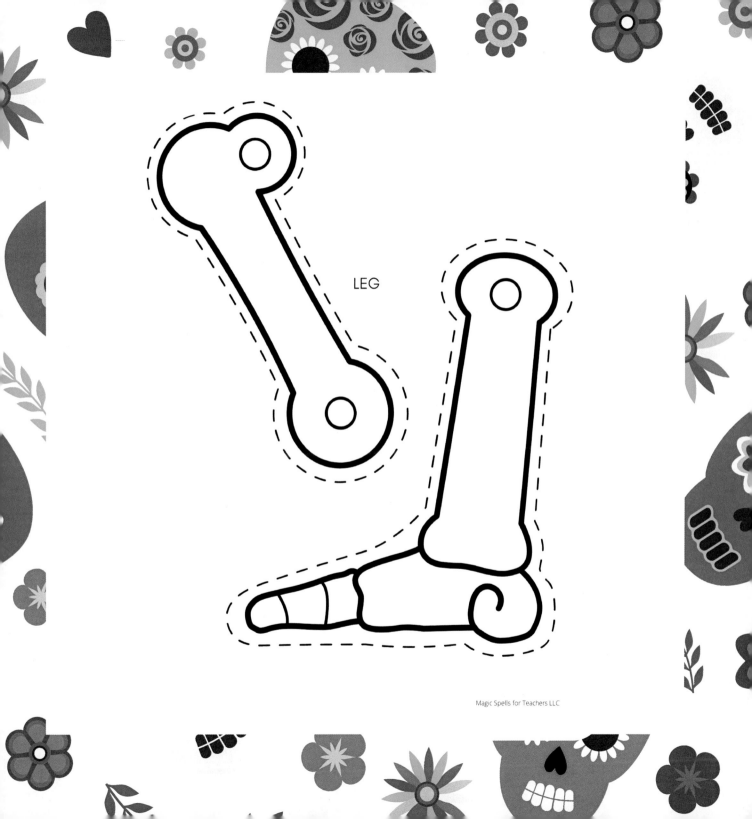

LEG

LEG

HAT

FLOWERS
FOR HEAD

GUITAR

SKIRT

BLOUSE